AF263379

LA MEDEE DE LA FRANCE.

Dépeinte en la personne de la Marquise d'Ancre.

A Lyon,

Par Claude Pelletier.

1617.

Auec Permiſsion.

LA MEDEE DE LA FRANCE.

LEs corps des humains depuis qu'ils ont paffé les noires eaux de Cocyte, dans la naffelle du vieil Charon, ne fortent iamais de ce lieu tenebreux d'enfer, & ne voyent derechef la clarté du iour, pour produire des effects falutaires au monde; comme les horribles filles de la nuict ne font iamais lafchées pour rien de bon par le Prince des tenebres.

Ce n'eft pas donc de merueille, fi moy Medée rediuiuay jadis le fleau de tous les lieux où ï'habitois, & en ce temps icy la pefte de la France, & fi i'ay defiré iouyr derechef de l'agreable lumiere du Soleil, pour exercer en ce Royaume vne trafique conuenable à ma nature, & y dreffer des efchaffauts où l'on voye reprefenter toute forte de tragedies. Vne confolation me refte en mes mefchancetez, que ie ne fuis pas feule, qui par ma refurrection des morts aye apporté du dommage au monde: Qu'auoit affaire le valeureux fils Ægée de fortir des Enfers ? quelle negoce l'appelloit par deça, pour delaiffer le trifte Royaume des morts ? N'eſtoit-ce pas la fatale deſtinée de ſon fils Hyppolite, qui le vouloit perdre, par le courroux de ſon pere, trop credule aux perſuaſions de ſon inceſtueuſe femme ? Et toy Ceix, chaſte Ceix, & mary d'vne plus chaſte femme, pourquoy t'eſloignant des obſcures ombres de l'Erebe es tu venu troubler le doux ſommeil de ton Halcyone ? n'eſtoit-ce pas pour la trainer apres toy, enuieux de la voir viure ? n'eſtoit-ce pas que tu te faſchois que le monde portaſt vne femme qui euſt en l'ame quelque choſe de bon : comme la tienne rayonnoit en chaſteté parmy le ſexe femi-nin auſſi bien que le Soleil en lumiere parmy les eſtoilles ? Et toy braue fils de Thetys, iadis l'eſpee & le bouleuart des Grecs, & la ruyne de la ſuperbe Troye, qui t'eſueilla du profond ſommeil qui te tenoit englouty dans le tom-beau, pour demander en victime la belle Po-lyxene, fille du Roy Priam ? Qu'eſt-ce qui t'occaſionnoit de reprendre ta vie pour luy cauſer la mort, ou bien de quitter la mort pour luy rauir ſa vie ?

Ialouſes ombres de Pluton, ames puantes d'enfer, pourquoy moleſtez-vous le monde, puis que le monde ne vous moleſte point ? pourquoy non contentes du ſort qui vous eſt eſcheu en partage, venez vous troubler le cal-me & le repos de la terre ? Qu'auois-ie affaire, cruelle

cruelle Medée, de quitter la compagnie de Proferpine, qui commande aux ondes du Styx, pour venir porter tant de maux à la France? Thefee par fon retour ne ruyna que fon fils Hippolyte, pouffé des ialoufes fureurs que l'amour luy infpiroit: Mais moy poffedée d'vn efprit maling, ay prefque embrazé tout ce Royaume, le faifant courir tout vn temps par mes charmes & forcelleries fur le panchát de fa ruyne. L'ombre d'Achille demanda l'ame de fa fille de fon ennemy, & i'ay perdu vn nombre infiny d'ames, qui n'auoyent nul maltalent contre moy? &, ay chaffé plufieurs perfonnes, qui deuoyent eftre en repos en leurs maifons; moy éguillonnée par les efprits immondes de la profonde abyfme. Ceix voulut aduertir fa femme de fa mort, à fin qu'elle ne le creuft plus en vie; & moy i'ay enuié à la France le bon heur de fa vie, la menant par la voye des guerres ciuilles, qui va droit aux cabinets de la mort.

Puniffable doncques, mais trois & quatre fois puniffable fuis-ie, puis que les plus cruelles beftes n'endommagent que leurs ennemis; & moy ie tafchay de ruyner ma nourriciere, qui m'a fait tant de bien. Le Lyon recogneuft bien jadis le plaifir que l'homme luy auoit fait, en luy arrachant l'efpine de fa patte; & moy plus farouche que le Lyon, plus cruelle que toutes les tygresses du monde, n'ay point recognu les bien-faicts dont la France m'a honorée. Ie voy bien, il faut que la fable d'Esope aye auiourd'huy son cours & sa vogue; la chévre nourrit long-temps vn Leopart, qui depuis estant deuenu grand, la deuora toute viue : La France m'a allaictée du meilleur & plus entier de sa cheuance, & ie taschay de la culbuter auec son propre baston dans le bassin de sa ruyne. Le Roy d'Ethiopie auoit jadis vn grand rocher, dont il precipitoit ceux qui se rendoyent mescognoissans des bien faicts qu'ils auoyent receus de sa main liberale. Quelle roche de Sisyphe, ou quelle roüe d'Ixion dois ie attendre pour mon ingratitude, du iugement de ce grand Roy, des biens duquel ie me suis si longuement enyurée.

Non, nõ, c'en est fait, ie ne sçaurois produire que du mal, il faut que les branches ressemblent à leur tronc, & que ie rapporte ceux de ma race: car mes parens (à ce qu'on dit) estoient entachez de mesme mal que moy, & alloyent tousiours le grand chemin de l'enfer, que ie reuere. La fontaine Salmacis rend les hommes aussi mols & feminins en ses ruisseaux qu'en sa source : & la moindre goutte d'eau de celle d'Athamas en Thessalie, allume aussi bien vn flambeau que la source mesme. Il faut que le Lyon espouse la rage de ceux qui l'ont engendré,

dré , auſſi bien que l'Ours la cruauté de ſon pere. I'ay encore par deſſus ce, que ie puis auoir de ma race , l'accouſtumance que i'ay euë de tout temps au mal , qui m'a ſeruy de paſſe-temps toute ma vie.

Iadis ie faiſois gloire de preſenter à Ægée vne couppe pleine de poiſon, pour la faire boire à ſon fils : auiourd'huy quelle ſorte de maux n'ay-ie fait ſouffrir à la France, pour la ren-uerſer de fonds en comble? quelle couppe de venin & de rage n'ay-ie verſé ſur elle? Et ſi i'o-ſe me vanter de plus , qu'eſt ce que ie n'ay en-trepris pour ruyner l'authorité de celuy qui en tient le Sceptre , & qui en eſt le Monarque ſouuerain ? Iadis ie fis que les filles de Pelias couperent la teſte à leur pere, & l'enuoyerent au Royaume des morts : maintenant i'ay ban-dé le fils contre le pere, & le pere contre le fils : Ie les ay animez au combat, & les ay pre-cipitez dans le feu d'vne guerre ciuile. Iadis ie fis bruſler Creüſe femme de Iaſon , dans le Chaſteau Royal auec ſon pere Creon:auiour-d'huy i'ay introduit le diuorce dans le Lou-ure , & ay allumé du braſier de ſedition les quatre coins de la France. Iadis ie fis que Iaſon ayant dompté la cruauté des taureaux du tem-ple de Colchos par mes charmes, ayant reſiſté au feu & aux flammes qu'ils vomiſſoyent par leurs narines , & ayant endormy le dragon,

concierge

concierge de l'arbre où la toison estoit pen-
duë, se saisit en fin des riches despoüilles du
mouton de Phrixus, & s'en retourna glorieux
auec moy Medée, l'autre proye de sa conque-
ste. En ce temps le Marquis (par mon ayde) a
espuisé la plus grande partie des finances
Royalles, & s'est presque rendu maistre du
pouuoir & de la seigneurie de ce Royaume:
Mais las ! le meilleur nous a manqué, la retrai-
ðe du temps iadis nous estoit necessaire, nos
moyens & nos commoditez deuoyent estre
transportées en Italie, auec nos personnes,
pour y passer le reste de nos iours, en toute
tranquilité, hors des vents & de l'orage de ceste Cour, qui deuoyent en fin tomber sur nos
testes. Où sommes nous maintenant ? qu'est
deuenuë nostre cheuance ? de quel costé s'en
sont volez nos honneurs?

Ce grand Roy, fils de Henry le Grand, suc-
cesseur de sa vaillance, aussi bien que de sa
Couronne, s'est esueillé, apres vne longue patience, pour couper chemin à nostre fortune,
& faire la punition deuë à nostre malice: Mais
quelle punition assez grande peut-il exiger de
nous, ayant esgard à nos meschancetez ? il n'a
que la mort en main, qu'il nous peut donner,
qui est presque deuë aux moindres malefices.
C'est ce que Dracon disoit en composant ces
loix, que les plus petits crimes meritoient pei-
ne de

ne de mort, & que pour les plus grands, il n'en trouuoit point de plus griefue. Il s'est donc leué sur la poupe, ce braue Roy, pour prendre en main la conduitte de son vaisseau, agité d'vne si grande & si perilleuse tourmente. Comme Cesar jadis ennuyé des deportemens d'Anthoine, & de Cleopatra son amie, qui vexoyent outrageusement le peuple, & engloutissoyent la plus-part du reuenu de l'Empire, Romain, plongez entierement dans les delices d'Egypte, & enyurez de l'Ambroisie & du miel de la volupté: Ce braue Empereur, dy-ie, sacqua l'espee au poing, pour exterminer ces gens là, qui n'estoyent que pour faire du mal au monde: Antoine franchit le pas de la mort le premier, mon mary en a faict tout de mesme: Cleopatra luy suruescut, pour mourir en viuant, & viure en mourant. Me voicy miserable, reduitte en mesme estat, & emprisonnée plus estroittement qu'elle: à quoy me dois-ie resoudre, en si grande extremité? quel conseil me doit estre le plus salutaire? Pren l'aspic de Cleopatra, Medée, & laisse le monde, plustost que le monde te laisse, gouuerne-toy à l'exemple de ceste Egyptienne, qui eust esté entierement perduë d'honneur, si elle n'eust plustost perdu la vie: elle eust esté sans doute menée en triomphe dedans Rome, pour couronner la victoire de son ennemy: & moy

B

peut-eſtre, ſi ie n'y pouruois de bonne heure, ſeray trainée comme mon mary, par les ruës de ceſte ville, pour raſſaſier la rage de ceux qui me demandent.

C'eſt par exemple, & non par comparaiſon, que ie dis ces choſes ; car à la verité ce ſeroit noircir la reputatiõ & le courage d'Anthoine, que le conferer auec mon mary, ce ſeroit faire d'vne fourmi vn Elephant ; d'vn Sardanapale mol & delicat, vn Hercule, chargé de victoires & de triomphes. Comme auſſi de me ioindre auec Cleopatra, ce ſeroit faire tort à ſes beautez, qui luy ont donné tant de renom par tout le monde : Ce ſeroit faire comparaiſon de la Deeſſe de Cythere auec vne furie d'enfer ; ou bien de la belle Helene, auec la triforme Hecate. Ce que i'en dis, c'eſt pour mõſtrer la mutation de leur fortune & de la noſtre, qui s'en eſt volée d'vne extremité à vn autre ; & du ſommet des plus hautes grandeurs du monde, nous a plõgez dans l'abyſme de toute ſorte de miſeres. Les Medecins diſent, qu'il eſt neceſſaire qu'vn corps qui a attaint vne parfaicte ſanté, tombe en fin en quelque maladie ; il en eſt de meſme des dignitez mondaines, & de ceux qui ſe fient en icelles : lors qu'ils ſont paruenus au feſte, & comme en l'Apogée de toute ſorte d'honneurs, c'eſt alors qu'il faut qu'ils tombent, & qu'ils ſe rompent le col, pour

faire

faire place aux autres, qui courront la mesme fortune. Il faut que le monde, qui roule incessamment, emporte quelqu'vn par la vistesse de sa course: que les aisles de celuy qui se veut esleuer trop pres du Soleil, fondent à ses rayons: & que les coursiers de la vanité precipitent en fin dans la misere ceux qui trop audacieusement veulent monter sur le chariot de l'ambition. Les hauts arbres sont les plus agitez du vent & de la foudre: & Iupiter craignant l'audace des Geants, enfants de la terre, renuersé tout ce qui approche le plus de son throsne.

Que fais-tu donc Medée ? quelle route prens-tu ? où est ton courage du temps passé ? jadis par mes charmes ie rebroussay le cours des fleuues, & fait remonter leurs eaux à leur source. Iadis ie troublay la mer calme, & ay calmé, l'orage qui l'a troublé. Iadis par mes vœux enchanteurs ie commanday aux postillons d'Æole; & ay arresté tout court leur cheuauchée: mon ressort s'estendoit alors iusques au Royaume de Pluton, pour retirer d'iceluy les corps qu'il me plaisoit: l'attirois apres moy, sans la lyre d'Orphee ou d'Apollon, les rochers, les bestes sauuages, & les forests toutes entieres. Iadis auec l'aide des sombres diuinitez de la nuict, i'obscurcissois le flambeau de Diane; & au matin faisois pallir le teint vermeil de l'Aurore. Où sont maintenant ces forces ?

ces?que font deuenus ces arts magiques? moy qui tirois jadis les ames mortes du tombeau, ne pourray - ie pas rachepter mon mary de la gueule de l'Orque? moy qui me promenois jadis fur les coftes du mont Offa & de Pelion, montée fur vn chariot, tiré par deux Dragons volans, ne me feruiray - ie pas maintenant de leur ayde, pour fortir de prifon, comme ie fis de la maifon d'Egée? Moy qui ay peu rajeunir le corps d'Efon & ceux des Nymphes nourricieres de Bacchus; qui ay eu tant de remedes pour les autres, n'en trouueray-ie pas quelqu'vn pour moy-mefme? Non, non, la côfcience m'accufe, mon forfait me bourrelle, & la Iuftice me retient, contre laquelle le Diable ny fes Anges ne peuuent rien. Il faut que i'attende auec patience ce qu'il plaira au Roy m'ordonner, que i'ay offencé plus que nul autre: Il faut que i'attende le iufte iugement qu'il prononcera contre moy de fa bouche facrée. Il ne fçauroit manquer, car le Dieu des Dieux le conduit, le Roy des Rois le gouuerne, & le plus grand Monarque du monde le tient en fa fauuegarde. Que celuy-là mefme luy fuggere de bons Confeils, le maintienne paifible Roy en fon Royaume, luy doint viure vn aage de Neftor en bonne fanté: & apres fa mort, vne place dans les Cieux, pour y iouyr d'vne felicité eternelle. Ainfi foit-il.

F I N.